Elefantes

Editorial Wildlife Education, Ltd.
12233 Thatcher Court, Poway, California 92064
comuníquese al: **1-800-477-5034**
correo electrónico: **animals@zoobooks.com**
visítenos en: **www.zoobooks.com**

ISBN 1-888153-76-8

Elefantes

Creado y escrito por
John Bonnett Wexo

Consultores científicos
Charles A. McLaughlin, Ph.D.
Ex-Director
San Diego Museum of Natural History

Mark S. Rich, M.S.
Conservador General
Staten Island Zoo

Traducido por
B. Mónica Rountree

Ilustraciones

Pinturas creadas por: Barbara Hoopes

Ilustraciones adicionales:

Página ocho: Esquina inferior a la izquierda, Walter Stuart

Página nueve: Esquina superior a la derecha, Walter Stuart

Página dieciséis: Esquina superior a la derecha, William Border

Página diecisiete: Parte inferior al centro, William Border

Página veintitrés: Mapa hecho por Walter Stuart

Fotografías

Cubierta: Renee Lynn *(Davis/Lynn Images)*

Página diez: Esquina superior a la izquierda, Mark N. Boulton *(Photo Researchers)*; **esquina inferior a la izquierda,** Philip Hart *(Animals Animals)*; **esquina inferior a la derecha,** Clem Haagner *(Ardea)*

Página once: Esquina superior a la izquierda, Alfred Eisenstaedt *(Time-Life)*; **centro a la derecha,** Clem Haagner *(Photo Researchers)*

Páginas catorce y quince: Sven O. Lindblad *(Photo Researchers)*

Página dieciocho: Centro, Veronica Tagland *(Chess Piece Courtesy of the Norton Simon Museum)*

Página diecinueve: Centro, Courtesy of Philip Sills

Página veintiuno: Renee Lynn *(Photo Researchers)*

Páginas veintidós y veintitrés: Gerry Ellis *(The Wildlife Collection)*

En la cubierta: Un elefante africano

Contenido

MACHO

ELEFANTES ASIÁTICOS
Elephas maximus

HEMBRA

CRÍA DE DOS MESES

CINCO AÑOS DE EDAD

El **elefante** es el más grande de los animales terrestres. También es uno de los animales preferidos por las personas alrededor del mundo. Sin embargo, imagínate por un momento que nunca has visto un elefante. Un amigo te habla acerca de un animal que mide 10 pies de alto, pesa más de 10.000 libras, está cubierto de piel colgante y arrugada y tiene grandes orejas plegables, con la forma de África. Este extraño animal también tiene dos colmillos que salen de cavidades a ambos lados de su cara y que llegan a tener varios pies de largo. Lo más extraordinario de todo es su nariz. Es tan larga que puede tocar el suelo. ¡Es más, tiene un dedo al final de ésta con el cual puede agarrar objetos! ¿Le creerías a tu amigo? ¿Cómo te imaginas que sería este animal?

Hay dos tipos básicos de elefantes—elefantes africanos (éstos son los elefantes cuyas orejas tienen la forma de África) y elefantes asiáticos—. Los elefantes asiáticos tienen las orejas más pequeñas y son más bajos y redondeados que los elefantes africanos. El tope de la

ELEFANTES AFRICANOS
Loxodonta africana

HEMBRA

MACHO

cabeza de un elefante asiático se redondea formando dos bóvedas. Los elefantes africanos no tienen estas bóvedas dobles. El elefante asiático también tiene un lomo redondeado o en forma de joroba. El lomo del elefante africano declina en el medio. Mientras que los machos y las hembras de elefantes africanos tienen colmillos que son muy obvios, los colmillos en una hembra de elefante asiático son tan cortos que raramente son visibles.

Los elefantes africanos tienen las piernas más largas que los elefantes asiáticos. Éstas hacen que se vean más esbeltos y delgados que los elefantes asiáticos. Sin embargo, las apariencias pueden engañar, ya que los elefantes africanos pesan un promedio de 2.000 libras más que los elefantes asiáticos. Un macho de elefante africano pesa cerca de 12.000 libras, ¡aunque el peso récord es de 22.000 libras!

Los elefantes pueden vivir por un largo tiempo. En estado salvaje pueden llegar a vivir hasta 60 años. En cautiverio han vivido más de 80 años.

*C*onsiderando su tamaño, el elefante puede moverse con sorprendente velocidad cuando quiere hacerlo. Un elefante a la embestida puede correr a una velocidad de 24 millas por hora durante una corta distancia, casi el doble de rápido de como puede hacerlo un hombre.

El más pesado de todos los animales terrestres en realidad camina en puntas de pie. Una gran almohadilla bajo los dedos de sus pies lo ayuda a cargar con el peso y amortigua el pie de la forma en que lo hace la suela de un zapato deportivo. Al igual que un niño cuando calza zapatos deportivos, un elefante tiene sus pies firmes y puede caminar muy silenciosamente.

La enorme cabeza del elefante representa de
12 a 25% del peso total de su cuerpo. Su gran
cerebro no llena el cráneo, el cual está
acribillado con cavidades huecas ¡para evitar
que la cabeza sea todavía más pesada!

Hay 40.000 músculos y tendones en la trompa de un
elefante. Esto hace que la trompa sea fuerte y flexible.
También permite que el elefante la controle con gran
destreza. Para un elefante es posible arrancar
delicadamente una flor o levantar un enorme tronco.

La trompa de un elefante es la
nariz más larga de cualquier
animal viviente.

Los colmillos del elefante
en realidad son dos dientes
que crecen muy largos.
Los colmillos más largos
que jamás se han registrado
miden más de 11½ pies de
longitud. Los más pesados
tienen más de 440 libras.

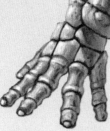

Es difícil **predecir** el comportamiento de los elefantes machos. Pueden cambiar rápidamente de dóciles y amigables a violentos y peligrosos. En los zoológicos, las lesiones más frecuentes y serias que sufren los guardianes son causadas por elefantes.

Aunque la piel del elefante es gruesa—mide entre 1 y 1½ pulgada—es extremadamente sensible. Para protegerse de las picadas de insectos, quemaduras solares y enfermedades de la piel, el elefante se baña frecuentemente, rocía polvo sobre su piel y se revuelca en el barro, el cual se seca convirtiéndose en una gruesa capa de "armadura" de fango.

Los elefantes son animales sociables. Las hembras y los elefantes jóvenes permanecen juntos en grupos llamados manadas. El líder de la manada es una vieja hembra con experiencia, conocida como la matriarca. Los elefantes en la manada demuestran afecto entre ellos.

Las madres elefantes cuidan muy bien a sus bebés y a los que no son suyos también. Todas las hembras adultas en la manada se convierten en "tiítas" de las crías ajenas. Esto significa que cada bebé elefante recibe abundante protección y cariño.

Los elefantes se comunican de muchas formas. Utilizan lenguaje corporal para enviar mensajes según la manera en que están parados, se mueven o sostienen sus cabezas, y según la posición de sus orejas, trompas y colas. Los elefantes también chillan, braman, rugen, berrean y gruñen. Si bien un bebé elefante puede menear su cabeza, agitar sus orejas y berrear cuando juega, un adulto raramente berrea a menos que esté alterado. Una forma más sorprendente de comunicación es el sonido retumbante que una vez se pensaba que era un simple ruido estomacal. En cambio, este rugido se produce en la garganta y mantiene en contacto a una manada mientras come, cuando los elefantes no se pueden ver entre ellos debido al espesor de los matorrales. Este sonido retumbante se puede oir hasta por media milla. Éstas son algunas de las formas en que los elefantes se mantienen en contacto entre ellos, envían advertencias y expresan emociones.

Los elefantes aman el agua. Algunas veces se bañan tres o cuatro veces al día. Ellos utilizan sus trompas para aspirar el agua y rociarla sobre sus cuerpos. El agua los refresca en días calurosos y evita que su piel se reseque.

Los elefantes han existido en la Tierra durante un largo tiempo. El primer antecesor de los elefantes actuales vivió 40 millones de años atrás y se veía muy diferente a los elefantes de hoy en día. Tan sólo medía cerca de dos pies de alto y carecía de trompa. Sus orejas eran diminutas y sus colmillos pequeños. Los científicos le dieron a este animal tan chico un nombre tan grande como Moeritherium (bestia del Moeris).

Luego del Moeritherium, más de 600 variedades de elefantes deambularon por la Tierra. Tenían diferentes tamaños y diversos estilos de trompas y

ESTEGODONTE
Stegodon magnidens

ANTIGUO ELEFANTE DEL SURESTE DE ASIA
Hypselephas hysudricus

DEINOTHERIUM (BESTIA TERRIBLE)
Deinotherium giganteum

ELEFANTE DE COLMILLOS RECTOS
Palaeoloxodon antiquus

FIOMIA
Phiomia wintoni

MOERITHERIUM (PRIMER ELEFANTE)
Moeritherium lyonsi

MASTODONTE AMERICANO
Mammut americanum

MAMUT ENANO
Mammuthus exilis

colmillos. Hoy en día, todos estos elefantes ancestrales han desaparecido. Los elefantes africanos y asiáticos son los únicos que quedan.

¿Puedes encontrar al "pequeño Moe" (Moeritherium) en estas páginas? ¿Ves al mamut lanudo, el pariente más cercano a los elefantes actuales? ¿Cuál de los antecesores del elefante tiene los colmillos más extraños? ¿Cuál de estos elefantes prehistóricos crees que se parezca más a los elefantes del presente?

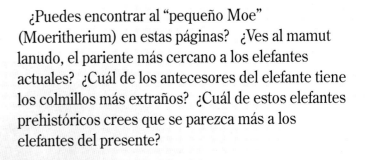

MAMUT
Mammuthus trogontherii

MAMUT IMPERIAL
Mammuthus imperator

MASTODONTE DE LAS PLANICIES
Cuvieronius humboldtii

MAMUT LANUDO
Mammuthus primigenius

PLATYBELODÓN
Platybelodon grangeri

MASTODONTE DE LOS ANDES
Cordillerion andium

13

ELEFANTES AFRICANOS

¿Te has preguntado alguna vez por qué los elefantes son tan grandes? ¿Por qué tienen trompas largas y orejas enormes? ¿Por qué sus colmillos llegan a crecer tanto? O ¿por qué el elefante tiene una cola tan extraña? Las respuestas pueden sorprenderte.

La trompa del elefante es a la vez nariz y labio superior. La utiliza para oler y para agarrar cosas. El elefante asiático tiene un "dedo" al final de la trompa para recoger pequeños objetos. El elefante africano tiene dos "dedos".

La cola de un elefante tan sólo tiene unos cuantos pelos al final. Esto la convierte en un matamoscas perfecto para él. Con un movimiento rápido de su cola, el elefante puede ahuyentar a los insectos que lo pican.

Los grandes colmillos ayudan al elefante a encontrar su alimento. El elefante utiliza sus colmillos para revolver la tierra en busca de raíces para comer, para rasgar los troncos y así encontrar la madera tierna y pulposa, y para excavar en lechos de ríos secos en busca de agua.

Los animales tan grandes como los elefantes necesitan mucha comida. Sus trompas les permiten alcanzar el alimento en la cima de los árboles, donde las jirafas también merodean.

Las grandes orejas de un elefante africano lo ayudan a mantenerse fresco. Los elefantes africanos habitan en regiones más calientes y áridas y necesitan refrescarse más que los elefantes asiáticos, que tienen orejas más pequeñas. La sangre del cuerpo circula por sus orejas a través de muchos vasos sanguíneos cercanos a la superficie. Cuando el cuerpo está acalorado, el elefante agita sus orejas. Esto las refresca al igual que a la sangre que circula a través de ellas. La sangre que se ha enfriado fluye por el resto del cuerpo para refrescarlo también. Las orejas grandes refrescan la sangre más rápidamente. Las orejas de un gran elefante africano pueden pesar 110 libras cada una.

JUMBO

El peso masivo del elefante está distribuido tan equitativamente sobre las amplias plantas de sus pies que apenas dejan huella.

El ciclo de vida de un elefante puede depender de sus dientes. A cada elefante le crecen seis grupos de molares. A medida que un grupo se desgasta al triturar comida gruesa, es reemplazado por molares más grandes, los cuales comienzan a salir para así remover los dientes gastados. El último grupo se desgasta cuando el elefante tiene aproximadamente 60 años. Cuando no puede masticar más, se muere.

¡Los elefantes son excelentes nadadores y tienen tubos de respiración incorporados! Frecuentemente cruzan ríos muy profundos en busca de alimento; por lo tanto, las crías necesitan aprender a nadar a temprana edad.

7

Los elefantes han ayudado a las personas por miles de años. Las han ayudado a construir ciudades, a pelear batallas y a divertirse. Antes de la llegada de trenes y automóviles, los elefantes eran la fuerza disponible más poderosa para empujar y cargar objetos. Los elefantes asiáticos tienen un largo historial de ser entrenados para trabajar. Hoy en día, incluso con la existencia de trenes y automóviles, todavía hay elefantes que trabajan en Asia.

Tiempo atrás, los elefantes eran los primeros "tanques" utilizados en la guerra. Llevaban puesto una armadura y se les usaba para atemorizar al enemigo.

Cuando las personas se montan en los elefantes, generalmente lo hacen en un "howdah", o castillo sobre su lomo. El cornac (mahout), o domador de elefantes, guía al animal y lo conduce presionando sus pies detrás de las orejas del elefante. ¿Puedes encontrar el howdah y el cornac en estas páginas? ¿Puedes adivinar por qué el elefante a la izquierda tiene cubiertos sus colmillos?

Hace mucho tiempo tal vez alguien que nunca había visto un elefante vivo encontró el cráneo de uno de estos animales. Un cráneo tan grande debía pertenecer a un gigante. ¿Y acaso la cavidad en el medio del cráneo no significaba que ese gigante tenía un ojo solamente? No, la cavidad en el gigantesco cráneo era el lugar en donde la trompa del elefante se unía al cuerpo.

VERDADERA CUENCA DEL OJO

CAVIDAD NASAL

¿Has oído alguna vez acerca de los cíclopes, los gigantes de un ojo a quienes les gustaba comer seres humanos? Algunas personas piensan que el relato sobre los cíclopes comenzó luego que alguien vio un cráneo de elefante.

La mayoría de la gente puede ver a los elefantes en zoológicos y circos. Por más de 2.000 años estos animales han desfilado o han sido exhibidos para el público. El más famoso de todos los elefantes de circo fue Jumbo, un gigantesco elefante que se presentaba en el circo de P.T. Barnum.

Los elefantes aún son utilizados para transporte y trabajo pesado en el sur de Asia. Ellos transportan a la gente, derriban árboles, halan grandes cargas y transportan troncos pesados. En las selvas tupidas, los elefantes son mejores que las maquinarias modernas.

19

El **elefante,** al igual que la mayoría de los animales grandes tiene un inmenso apetito, equivalente a su tamaño. Los elefantes en los zoológicos reciben quizá más comida de la que conseguirían en estado natural. Un elefante salvaje en África requiere alrededor de 300 libras de vegetación al día. Para obtener esta cantidad, se pasa la mayoría del tiempo comiendo. Dos o tres horas antes del amanecer, las manadas de elefantes comienzan a comer. Antes de que el calor aumente, ellos marchan hacia la sombra—comiendo mientras caminan—. Hacia el final del día, dejan sus sombreadas áreas de descanso y comen hasta cerca de la medianoche, cuando duermen por unas cuantas horas antes de que la rutina se repita. La mayor parte de la dieta de un elefante consiste en pasto—80 ó 90 % de la misma— enriquecida con jengibre silvestre, ciruelas, dátiles, higos, bayas, flores, ramitas, raíces y corteza. Una razón por la cual el elefante necesita comer tanto es porque tan sólo puede digerir alrededor de 40 % de este fibroso alimento.

En un año, un elefante bebe 15.000 galones o más de agua. En estado natural, tal vez deba excavar con sus colmillos en el fondo de ríos arenosos para encontrar agua.

Los elefantes en los zoológicos pueden consumir 1.600 hogazas grandes de pan en un año.

Cada año, un elefante de zoológico puede ser alimentado con 100.000 libras de heno...

y 12.000 libras de alfalfa desecada para añadir sabor.

Los elefantes salvajes deben trabajar duramente para obtener su alimento.

Se añaden sales y minerales a más de 1.500 galones de grano mixto.

Se añade más variedad a la dieta agregando alrededor de 2.000 papas.

Les ofrecen golosinas como por ejemplo, 3.000 repollos, manzanas, zanahorias y otros vegetales.

Los elefantes y las personas actualmente compiten por el espacio. En gran parte de África, los elefantes están limitados a parques nacionales y a reservas. El número de elefantes comenzó a declinar seria y continuamente durante la década de 1970. Irónicamente, éste fue el mismo período en que los científicos comenzaron a aprender mucho acerca de los elefantes, su proceso de socialización y su comportamiento. Estudios realizados a lo largo de los años 80 y de los 90 revelaron mucho sobre su vocalización y métodos de comunicación.

Solamente en Kenia, durante los 1970 y los 1980, la población de elefantes decreció de 170.000 a 25.000 ejemplares. Esta inicial y dramática baja en números fue el resultado de la acción de cazadores furtivos que mataban ilegalmente a los elefantes para obtener su marfil. El precio del marfil subió de 3 dólares por libra a 50 ó 100 dólares por libra. África se convirtió en el paraíso de los cazadores furtivos. Los elefantes machos tenían los colmillos más grandes, por lo tanto eran aniquilados con más frecuencia. Con la desaparición de machos capaces de reproducirse y la muerte de las hembras más viejas en manos de cazadores furtivos, muchos elefantes quedaron huérfanos, incapaces de beneficiarse de la sabiduría de las hembras mayores y de las matriarcas, quienes dirigían las manadas.

Kenia se opuso y prohibió el comercio internacional de marfil. A continuación quemaron el equivalente a 3.000.000 de dólares en marfil confiscado en ese país. El siguiente año, solamente murieron 50 elefantes en Kenia en vez de 3.000 en manos de cazadores furtivos. Sin embargo, Kenia cuenta con una población que crece con más rapidez que cualquier otro país a nivel mundial. En África las personas no pueden tolerar que los elefantes saqueen sus cultivos y destruyan sus medios de subsistencia.

En Sudáfrica, los elefantes viven tras la cerca de parques nacionales y reservas. En algunas partes de África, los cazadores de caza mayor pagan una gran cantidad de dinero para cazar elefantes. Esto mantiene su número más bajo, y el dinero es utilizado para su conservación. En Kenia, se intentó controlar la natalidad para mantener la población de elefantes en números manejables y así reducir los conflictos con la gente. Enfrentados a una población humana en crecimiento, los elefantes están perdiendo la batalla por el espacio. A pesar de esto, es poco probable que se extingan. Ellos vivirán en parques nacionales que atraerán turistas a África. El dinero proveniente del turismo ayudará a los elefantes a sobrevivir.

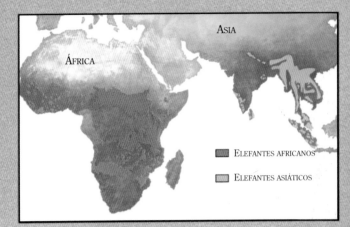

Tiempo atrás los elefantes deambulaban por toda África. Hoy en día, están limitados a áreas cada vez más y más pequeñas. En Asia hay menos elefantes que en África; sin embargo, en Asia los elefantes son venerados.

Índice